La Voix de Sainte Rita

**Méditations sur
La Saint des Situations Désespérées**

Virginia Rebata

DÉDICACE À:

Je remercie mes filles bien-aimées, Suzannah
Rebata Mullen et Elizabeth (Eliza) Mullen, pour
leur soutien constant et affectueux, ainsi que pour
mon travail. Suzannah m'a accompagnée lors
de mon pèlerinage à Cascia et Roccaporena,
en Italie. Elle m'a aidée à comprendre que je
devais partager davantage l'histoire de sainte
Rita avec le reste du monde... non seulement en
tant que religieuse, mais aussi en tant qu'épouse
et mère. La grande passion d'Eliza pour l'art de
la Renaissance italienne et le symbolisme spirituel
qui l'accompagne m'a inspirée à étudier les saints,
en particulier mon héroïne, sainte Rita.

Sommaire

Dédicace à ii

Remerciements vi

Prologue viii

Le Miracle des Abeilles 1

Grandir en Aimant la Terre 4

Embrasser le Sacrement du Mariage 11

D'une Épouse Passionnée
À Une Femme Battue 14

Le Pardon Qui Suit La Tragédie 19

Puisse Connaître 24

Entrer Dans L'Ordre Augustinien
D'une Manière Impossible 28

Trouver La Paix en Tant Que Nonne 38

Partager la Passion du Christ 40

Le Miracle des Roses Rouges et des Deux Figues 43

Le Soin Post-mortem D'un Charpentier 47

Miracles Post-mortem 49

Prières et Requêtes à Sainte Rita de Casci 50

Neuvaine de L'église Catholique 52

Supplication à Sainte Rita 58

Hymne à Sainte Rita 63

Bibliographie 64

REMERCIEMENTS

Je remercie ma fille bien aimée, Suzannah Jean Mullen, pour m'avoir toujours tendrement soutenue et accompagnée durant mon pélerinage à Cascia et Roccaponera en Italie. Grâce à elle, j'ai réalisé que j'avais besoin de partager davantage à propos de Sainte Rita avec le reste du monde... Non seulement en tant que nonne, mais aussi en tant qu'épouse et mère. Et sans sa profonde compassion et son attention à mon égard pendant la maladie en 2013, j'aurai été incapable d'écrire ce livre.

Je remercie également Willy Mathes, mon incroyable éditeur et coach, pour sa guidance et son talent d'éditeur. Sans son soutien aimant et son expertise, je n'aurais pas non plus été capable de terminer ce livre.

Je suis reconnaissante à mon fils spirituel et ami Bernie Bernstone d'avoir réalisé les premières couverture et mise en page de ce livre, et à ma sœur spirituelle Michelle Edelman, pdg de Traffic, Inc. de les avoir finalisées.

Je tiens aussi à remercier mon traducteur français, Valentin Laffont et mes sœurs spirituelles ci-après qui ont contruibué à finaliser la traduction française : Greta Rubens, Stéphanie Maulay, Claudine Chapalain et Christine Marguerite Josper.

Photo de Jeanne Freebody

PROLOGUE

En 2005, je visitais ma ville natale de San Francisco, marchant pour le plaisir dans le vieux quartier Italien (derrière ou au sud) la Coit Tower. J'ai été attirée par une kermesse religieuse – dans les sous-sols de l'église de Saint François d'Assise– et je flânais là, à la recherche d'un trésor spirituel parmi les articles religieux qui étaient à vendre.

Au milieu des tables remplies de babioles, je découvrais un petit portrait d'une religieuse qui priait devant un autel, avec un faisceau de lumière illuminant son front, provenant d'un crucifix de Jésus suspendu au-dessus de l'autel. Deux magnifiques roses roses jonchaient aux pieds de la nonne et celle-ci semblait être dans un état de béatitude. J'ai su immédiatement qu'il me fallait acquérir cette icône miniature de « la nonne inconnue », me demandant qui elle pouvait bien être. Je pensais qu'elle devait être Italienne, sans certitude.

Cette icône allait désormais trôner sur ma table de chevet pour toujours.

Avec le recul, j'ai le sentiment que Sainte Rita m'a conduite jusqu'à la petite ville d'Abadiania au Brésil. Elle était ma lumière et ma guide et m'a révélée ma mission spirituelle : partager avec le reste du monde l'amour divin et l'énergie guérisseuse des Entités de la Casa de Dom Ignacio. En effet, Sainte Rita m'est apparue plusieurs fois dans le « courant » quand l'énergie d'amour est clairement présente dans les méditations collectives à la Casa. Sainte Rita m'a également communiqué des messages par l'intermédiaire certaines de mes sœurs spirituelles de la Casa, en particulier Claudia Navone de Florence en Italie. Avant la publication de ce livre, il m'a été demandé à plusieurs reprises d'écrire sur la vie de Rita de Cascia en tant que sainte et en tant que femme.

En ce qui me concerne plus personnellement, Sainte Rita m'a guidee en 2008 vers la Casa de Dom Ignacio à Abadiania au Brésil, pour rencontrer d'une profonde guérison physique, émotionnelle et spirituelle pour laquelle je lui suis éternellement reconnaissante. Cela m'a aussi revelé ma mission, être ici pour le restant de ma vie – d'être médium, guide et fille de la casa de Dom Ignacio. Depuis lors, je me suis sentie bénie d'avoir aidé des milliers de personnes à trouver une plus grande paix intérieure et a bénéficier de puissants soins sur différents niveaux.

En 2010, j'ai eu l'honneur de suivre un pèlerinage pour Cascia en Italie, là où Sainte Rita vécut et mourut ; et à Roccaponera, là où elle naquit et vécut en tant que femme et mère. L'un des miracles de Sainte Rita est que, depuis sa mort en 1457, son corps ne s'est pas décomposé. De ce fait, son corps, allongé, entreposé dans un cercueil en verre dans la Basilique de Cascia, ne presente aucun signe de décomposition. Cependant, en dépit de l'héritage qu'elle a laissé ici avec sa forte présence, pour certaines raisons, j'ai trouvé son énergie forte et douce plus profonde à Roccaponera. Ma fille Suzannah Jean Mullen, qui est réalisatrice de films, m'a accompagnée dans ce pèlerinage et a pris des photos d'une incroyable luminosité venant d'une statue de Sainte Rita en dehors de l'église où elle s'est mariée à Roccaponera. C'est au court de ce pèlerinage que j'ai été inspirée par Sainte Rita et par ma fille pour écrire sur la vie de Sainte Rita.

Vous trouverez, tout au long de la lecture sur sa vie, les désirs de Sainte Rita d'aider toutes les femmes qui subissent des querelles ou des abus. Son souhait est de réconforter les personnes ayant une quelconque souffrance, particulièrement due à la perte d'un enfant. Elle veut encourager et inspirer ceux qui désirent quelque chose de plus significatif dans leur vie et qui cherchent à améliorer leur situation – même lorsque cela semble impossible. Moi, ainsi que beaucoup d'autres personnes, avons trouvé que tout ce que nous avons à faire est de la prier et de lui demander son intervention pour telle ou telle situation. Ensuite, la grâce de Dieu au travers elle viendra nous aider à trouver notre propre chemin pour une vie plus bénie.

Sainte Rita est aussi connue comme une pacificatrice, alors elle aide également ceux qui désirent être libérés de la peur dans leur vie et bénéficier d'une plus grande paix dans leurs familles, dans leurs communautés et, le plus important, en eux-mêmes. Les prières envers Sainte Rita à la fin de ce petit livre peuvent vous aider à la prier. De toute façon, elle aime tout autant les prières spontanées qui appellent son aide. Tout ce que nous devons faire est de la prier comme Sainte des désespérées.

Je veux personnellement exprimer ma gratitude pour Sainte Rita pour tout son amour envers ceux d'entre nous dans le monde ayant souffert d'abus, expérimenté les horreurs de la guerre, de fortes douleurs physiques ou émotionnelles, ou vécu la perte d'un enfant, et ceux qui ont été inspirés par sa foi en Dieu pour le réconfort et la paix. Je demande à notre puissant, miraculeux et clément Dieu et sa bien-aimée Sainte Rita de nous bénir profondément avec paix dans nos cœurs et dans le monde en général.

Avec amour et bénédictions éternelles à tous,

Virginia
May 22, 2015
Feast Day of Saint Rita

LE MIRACLE DES ABEILLES

Plusieurs siècles auparavant, Dieu a fait de moi une Sainte, ma vie commença avec des miracles.

L'un d'entre eux était avec des abeilles. Je ne me souviens pas des abeilles... Je n'étais qu'un nourrisson. Encore pendant des siècles, tout le monde dans le village de Roccaponera, tout comme des millions de personnes vivant derrière ses frontières, ont parlé d'un incident que j'avais vécu une fois avec des abeilles...au point où l'incident est devenu une légende.

J'étais un bébé allongé dans mon panier le jour où le miracle des abeilles arriva. Ma mère et mon père, Antonio et Amata Lotti, s'étaient rendus sur un terrain rocailleux bien au-dessus de notre foyer dans les montagnes d'Umbria pour travailler à la ferme. Ils pensaient m'avoir laissé en toute sécurité et au-delà de tout danger, sous un grand arbre, dont les grandes branches étendues me protégeaient du soleil. En effet, avant de me laisser là, mes parents m'avaient embrassée et avait tenu mes petites mains avant de me dire au-revoir et d'aller s'occuper des tomates, des oignons, des aubergines et de l'ail. Plus tard, au fur et à mesure que je grandissais, j'ai découvert qu'ils faisaient oeuvre d'une constante gratitude envers Dieu pour l'abondance matérielle qu'ils avaient reçu de la terre et des plantes. En effet, mes parents rendaient grâce à la pratique de la dévotion et m'ont léguée cette coutume spirituelle de remercier pour tout sur Terre. Je me souviens de toujours avoir pratiqué cela aussi loin que mes souvenirs remontaient, c'est-à-dire dès l'âge de trois ans.

Peu de temps après qu'ils soient partis pour les champs, j'ai commencé à m'assoupir et à respirer lentement... inspirer et expirer. Ma respiration continuait son chemin, lentement et posément, vers l'intérieur puis vers l'extérieur. J'entrais petit à petit dans un sommeil profond. Tout à coup, un grand essaim d'abeilles arriva, volant à l'unisson. Elles restaient ensemble, serrées en groupe, entrant et sortant à l'unisson avec ma respiration. Elles ne m'ont pas attaquée ni individuellement ni en groupe. Au lieu de cela, elles eurent un balancement apaisant, d avant en arrière.

Tout à coup, un fermier vint rapidement en marchant, revenant des champs pour rentrer chez lui car il s'était coupé profondément et avait donc besoin de bandages. Lorsqu'il s'approcha, il changea de direction et me vit, endormie dans mon panier... avec les abeilles se déplaçant à l'intérieur et à l'extérieur de ma bouche! Le fermier vint à ma rescousse et commença à faire partir les abeilles de ma bouche avec sa main blessée. Les abeilles se mirent à partir paisiblement et j'étais laissée sans aucune blessure. A sa surprise, la main blessée du fermier fut immédiatement soignée, sans aucune trace de coupure ou de sang.

Quand j'y repense, tant de choses auraient pu arriver qui m'auraient causée de sérieuses blessures, voire la mort, mais les choses se sont déroulées autrement. La grâce de Notre Seigneur, toucha le fermier ainsi que mes patrents ce jour-là.

Lorsque mes parents, les Lottis, arrivèrent peu de temps après, ils furent ébahis et éhontés par ce qui venait d'arriver. Ils sentirent une énorme culpabilité de m'avoir laissée sans surveillance. Toutefois, ils furent très reconnaissants que le fermier ait pu stopper les abeilles pour me sauver (si j'en avais eu besoin). Ils jurèrent de ne plus jamais me mettre une seconde fois en péril, et dirent à Dieu qu'ils me protégeraient toujours, comme leur précieux présent du ciel.

Après tout, ils avaient espéré que j'arrive pendant douze ans pour devenir parents, mais rien de ce qu'ils avaient essayé ne fonctionnait. Mes parents avaient demandé toujours et encore que je vienne au monde, et faisaient leurs prières à Dieu régulièrement... jusqu'à ce qu'un jour leur vœu fut exaucé.

Lorsque vous méditez, mes chers frères, souvenez-vous que vous êtes toujours protégés par le monde de Dieu. Tout comme Dieu me protégea des abeilles, il vous protégera dans les moments où vous en aurez besoin. Tout ce vous devez faire est d'appeler, sa protection pleine de compassion et tout se déroulera bien!

GRANDIR EN AIMANT LA TERRE

Je suis venue au monde en 1381, précisément 100 ans après la naissance de Saint François d'Assises. En fait, la ville d'Assise est à environ 100 kilomètres de Roccaponera. De par cette proximité, j'ai toujours ressenti une divine connexion avec Saint François d'assises ainsi qu'à son âme sœur en Christ, Sainte Claire d'Assises.

Mon lieu de naissance Roccaponera, qui a toujours été décrit comme une « vaste étendue de rochers » était perché sur une grande montagne, à environ 11 kilomètres de Cascia, une ancienne ville du centre de l'Italie. Je suis née le 22 mai 1381, et mes parents m'ont emmenée peu de temps après, descendant sur le chemin où le vent soufflait de Roccaponera à Cascia, pour que je sois baptisée. Cascia était située dans la province d'Umbria, connue comme « le cœur de l'Italie ». Toutes les personnes présentes étaient vêtues de manière formelle, ainsi le voulait la tradition pour les jours de Fête. Là-bas dans une église, j'ai été baptisée sous le nom de « Margherita », ce qui voulait dire dans le langage de l'époque « la perle ». Mes parents me disaient toujours que j'étais leur joyau, et que c'était la raison pour laquelle ils m'avaient appelée « Perle ». Mais depuis ce jour, j'ai toujours été connue sous le diminutif de« Rita ».

A Roccaponera, il y avait une place principale qui était l'embranchement de plusieurs rues, où les gens marchaient et se rencontraient pour discuter, particulièrement lorsqu'il faisait chaud et bon – ce qui était typique en été et en début d'automne. Ma mère m'emmenait régulièrement au parc, enroulée dans un linge et bordée soigneusement dans mon panier. En fait, elle adorait m'emmener partout dans ce panier, ainsi je pouvais contempler le monde.

De ce qu'on en sait, les enfants apprennent souvent leurs valeurs et leurs manières d'être de leurs parents. Pendant ma croissance, mes parents Antonio et Amata Lotti (Ferri était son nom de jeune fille) aimaient les gens, étaient dévoués à répandre la paix à Roccaponera et à Cascia. Ils étaient aussi très dévoués dans leur vie de religieux. Les gens venaient de partout dans la région, s'ils avaient des disputes à propos de terrain, ou encore de relations. Mes parents étaient toujours capables de voir les deux côtés d'une situation, et leur sympathie et leur présence attentionnée permettaient souvent aux gens d'aboutir à des solutions harmonieuses et paisibles. Ainsi, ils étaient connus comme des « Faiseurs de Paix ».

Je me suis toujours sentie aimée par mes parents, et depuis l'époque où j'étais un bébé, ils me répétaient toujours et encore combien ils m'avaient voulu et comment je suis arrivée contre toute attente. Ils m'ont donné beaucoup d'amour et d'affection, et il y avait toujours de la paix dans notre foyer – jamais personne n'a haussé la voix. L'affection physique faisait également partie de notre vie quotidienne. Ceci étant, j'ai hérité de leurs manières et devint à mon tour une faiseuse de paix.

En effet, en grandissant, j'ai appris à aspirer à la tranquillité, à la paix. J'ai aimé voir les gens bien s'entendre les uns avec les autres et chérir l'harmonie. En grandissant, je voulais être comme mes parents, et je me sentais particulièrement destinée à maintenir les valeurs d'une gardienne de la paix. Les gens me disaient que j'étais patiente. Mes parents me disaient que j'étais une fille des plus obéissantes et me disaient régulièrement combien ils m'aimaient et m'admiraient. « Tu es un cadeau de Dieu pour nous » me disaient-ils souvent.

J'aimais aussi beaucoup prier et je me dédiais avec dévotion à mes prières dévouées quotidiennes. Je ne pouvais même pas imaginer un seul jour sans communier avec Dieu. Chaque fois que j'accompagnais ma mère à Cascia, je lui demandais toujours d'aller à la chapelle dans le couvent de Sainte Madeleine. Plusieurs fois par jour, je priais, aussi bien dans ma chamber dans la maison, tout comme dans la chapelle, dans l'église de Roccaponera. Nous allions également à la messe, dans l'église de Sainte Augustine à Cascia. Je priais autant Dieu parce que je ressentais et j'aimais beaucoup sa compagnie, elle me donnait une force intérieure. Je me sentais comme si j'étais dans les bras d'un père bienfaiteur, m'enveloppant d'un cocon d'amour. Selon moi, il n'y avait pas de meilleur endroit pour s'abandonner.

Les habitants de Roccaponera étaient authentiques, de la manière dont ils étaient perchés sur la montagne, tels des cristaux sortant de la roche. Il y avait une rue principale dans la ville, et l'église était le bâtiment principal dans la rue principale. Malgré les grandes pierres, des jardins poussaient devant chaque maison avec des fleurs de couleurs diverses et variées telles que le rose, le blanc, le bleu et le rouge décorant la cour de chaque maison. Les roses rouges et bleues étaient mes préférées. Je marchais souvent autour du jardin de notre

6

maison pour chercher les roses rouges et bleues, les sentant les unes après les autres, puis je les cueillais pour les mettre dans un vase pour les apprécier dans ma chambre, ou les apporter à ma mère afin de les mettre dans la cuisine. C'est dans ces moments de marche autour du jardin, sans faire attention, en voyant les belles couleurs, remerciant la terre mère pour son abondance et sa beauté que j'ai vécu les moments les plus mémorables et joyeux de mon enfance.

Mes parents étaient à la fois propriétaires de terrain et fermiers. Leur vie consistait a cultiver la terre et a vendre leur culture et nourriture au marché. Alors que je grandissais, j'ai aussi appris de mes parents à cultiver la terre. Ils me montraient comment planter les graines, comment nettoyer les récoltes, comment traiter les saletés et les plantes. J'adorais faire ça, car cela m'amenait plus près de la terre, à exprimer toute ma gratitude pour ses bienfaits et présents. Je me sentais tellement bien d'avoir les mains pleines de boue et de sentir sa force. Même les villageois de Roccaponera encourageaient la ferme – des légumes et des animaux étaient souvent donnés à ceux qui s'engageaient dans la création d'une ferme. Le montant initial donné à chaque famille comprenait un paquet de maïs, et quelques moutons et chèvres.

Étant enfant, je courais partout dans les champs du voisinage, ramassant des légumes ou des fruits, et les mangeant sur place ! Ensuite, quand j'étais en groupe dans les champs ou dans un jardin, je m'asseyais et chantais pendant que je mangeais.

Au fur et à mesure que je grandissais, mes parents m'emmenaient de plus en plus à Cascia avec eux, une plus grande ville à environ six kilomètres de notre village

Roccaponera. Mes parents se rendaient toujours dans le parc principal de Cascia pour vendre leurs fruits et légumes. Je me sentais toujours excitée à l'idée de me rendre à Cascia, sachant que je vivrais une nouvelle expérience à chaque voyage.

Tout proche de la place du marché se trouvait un couvent de nonnes Augustiniennes. Je me sentais toujours attirée par cet endroit-là. Le couvent, lui aussi, avait un jardin plein de fruits et légumes, et je voyais souvent les nonnes pliant les genoux pour ramasser leurs récoltes. Je commençais à m'éclipser dès que possible de l'installation de mes parents pour aider les nonnes à ramasser leurs récoltes. En travaillant de mes mains et à genoux, je me sentais heureuse, faisant un travail louable.

J'ai commencé à rencontrer et à communiquer avec ces nonnes qui appartenaient à l'ordre Augustinien – nommé ainsi car il suit la pratique spirituelle de Sainte Augustine. Elles étaient plutôt contentes que je les aide, et avaient l'air d'être joyeuses de ma nature pleine de vie. Je me sentais reconnaissante, tant ces femmes étaient aimantes et affectueuses avec moi. Je me sentais également chez moi avec elles.

Les années passèrent et je venais plus souvent à Cascia, passant donc plus de temps en compagnie des nonnes. C'était facile pour moi de me sentir destinée à la paix, tant les nonnes m'y invitaient, particulièrement pendant leur temps de prière et de méditation. Ce sentiment de paix, devint de plus en plus, ma façon d'être et témoignait de l'éducation que j'avais recue de mes parents. J'aimais vivre simplement – sans grande quantité; d'habits, de bijoux et autres objets matériels. Cela me faisait me sentir totalement libre. J'aimais également vivre en harmonie, entourée par des gens communiquant de manière sympathique les uns avec les autres, sans hausser le ton. J'aimais aussi beaucoup la sympathie que les nonnes offraient aux autres, et partageaient entre elles. Cela me procurait un sentiment de bien etre et de securite.

J'ai adoré les travaux collectifs visant un but plus élevé, comme ramasser les cultures afin de soutenir les nonnes venant en aide aux autres personnes dans le besoin. Vous voyez, sans les religieuses, les gens pauvres ne pourraient pas se nourrir sainement.

La nourriture, les soins de santé, ainsi que le ré-confort spirituel etaient offerts aux mourrants.

Plus je passais de temps avec les religieuses, plus je réalisais, au fond de mon cœur, que moi aussi, j'avais envie d'être nonne. Ce sera ma vocation quand je serai grande, pensai-je. Je serai serviteur de Dieu, mon créateur. C'est ce que je dois faire.

J'avais grandi en aimant et en admirant le style de vie paisible des religieuses augustiniennes, et je voulais beaucoup les rejoindre et vivre avec elles comme une belle sœur et fille obéissante du créateur. C'était ce que mon cœur désirait et a espérait le plus.

J'ai aimé être dans le jardin avec elles, sentant les roses et parlant de Jésus et de son apprentissage pour nous. J'ai aimé m'occuper du jardin et ramasser les légumes frais et les fruits avec lesquels j'allais cuisiner. Ainsi ma vie avait un sens, peu importe que j'aidais les personnes de Cascia dans le beso-in et qui n'avait pas de quoi se nourrir, ou qui n'avaient pas

9

d'habits pour se protéger du froid de l'hiver. Faire ce travail était un honneur pour moi. Faire de la soupe de légumes pour les personnes ayant faim me donnait satisfaction. Je demandais toujours au père de bénir la soupe. Ainsi, quiconque buvait cette soupe était soigné et béni. Mes chers amis, vous qui vivez sur cette terre, n'oubliez pas de méditer et de l'honorer. C'est une généreuse mère qui nourrit ses enfants et pourvoit á ses besoins N'oubliez pas de la remercier et de lui faire des offrandes.

EMBRASSER LE SACREMENT DU MARIAGE

J'avais 12 ans lorsque mes parents m'ont dit que c'était mieux que je ne devienne pas une nonne. Ils ont vu le couvent comme étant vulnérable, et qu'il était possible qu'une guerre entre factions d'hommes puisse détruire le couvent à n'importe quel moment, endommageant la nourriture, et pouvant potentiellement blesser les nonnes. Ma mère et mon père exprimaient leurs inquiétudes me concernant, partageant leur expérience en tant que faiseurs de paix, et me parlant particulièrement des conflits qui sont arrivés dans la campagne du fait du pouvoir et de la cupidité.

C'était un temps de guerre civile où les jeunes hommes, guidés par le désir de pouvoir et de richesse, jouissaient de se battre contre les villes et villages voisins et parfois même contre leurs propres voisins. Cascia n'était pas une exception, étant donnée qu'elle avait entrtenu des querelles avec la (plus grande) ville de Peruvia - les conflits armés entre les résidents de chacune des deux villes étaient constants. Beaucoup de villageois auto proclame soldats ont également détruit des bâtiments et des églises. Le cri de "vendetta" ou encore "vengeance" était la solution populaire aux conflits de la vie. Le devoir envers la famille s est vu suppléé par des demandes lourdes, pesant sur pleins d'épaules, s exposant ainsi au risque de la punition, de l'exil et même de la mort, pour le bien et l'honneur.

Alors que mes parents avançaient dans l'âge, ils ne voulaient pas me laisser dans un monde d'insécurité.

Dans cet objectif, ils m'ont arrangé un mariage. Sachant qu'ils ont toujours voulu le meilleur pour moi, j'ai accepté qu'ils aient choisi Paolo Mancini - un jeune homme qui venait d'une bonne famille de Roccaponera, menée par Ferdinand Mancini - en tant que futur epoux pour moi. Paolo était le garde d'une tour qui protégeait Roccaponera des soldats venant d'ailleurs, et alertait le village. Il était physiquement fort et savait se battre avec à la fois des arcs et des lances. Il était également habile, et avait les yeux bleus et les cheveux sombres. C'était clair, quand je l'ai rencontré, sa vivacité et son rire faisaient partie de sa personnalité. Et bien qu'il fût connu comme étant têtu parfois, cela ne m'a pas inquiété, parce que je sentais que ma nature paisible et tranquille le changerait avec le temps.

Nos parents ont dit que nous ferions un beau couple. Les parents de Paolo pensaient que ma gentillesse pourrait avoir une bonne influence sur Paolo. Mes parents pensaient que le physique fort et l'expérience de combat de Paolo me protégeraient et me garderaient saine et sauve de la douleur.

Paolo avait 18 ans, j'en avais 12 lorsque nous nous sommes fiancés, mais nous avons dû attendre quelques années de plus avant de nous marier. Ayant accepté ce destin sans me plaindre, je me sentis de plus en plus attachée à Paolo. Je me suis même sentie joyeuse à l'idée d'être sa femme.

En 1395, lorsque j'eus 14 ans, nous nous sommes mariés à l'église de Saint Montano à Roccaponera. Avant le mariage, beaucoup de traditions ceremonials, comme il y en avait en ce temps-là, étaient pratiquées. D'abord, Paolo expédia à ma porte 3 femmes avec une robe de mariage et une ceinture. Quelques jours plus tard, il envoya 3 hommes avec des habits élégants et des ornements en guise de cadeaux de dot. Enfin, notre mariage fut célébré dans les coutumes de l'époque, avec 10 hommes et 10 femmes le supervisant.

Toutefois, en raison des traditions religieuses, Paolo dût attendre mes 16 ans pour que le mariage puisse être consommé et que je puisses partager avec lui et sa famille le même toit. Exactement 2 ans après, Paolo apparut à ma porte avec plusieurs hommes derrière lui. Ils m'ont ensuite emmené à ma nouvelle maison. Je pris ma garde-robe, mes ustensiles de cuisine et tout le nécessaire, ainsi commença ma nouvelle vie avec Paolo et sa famille à Roccaponera.

Mes chers amis, l'Union des hommes et des femmes est un beau et important moment dans la vie. Vous venez ensemble pour former une famille et vous occuper d'enfants pour le monde, si cela fait partie de votre appel. Vous venez ensemble pour travailler et remercier ensemble Dieu . Vous venez ensemble pour grandir spirituellement et apprendre ensemble vos leçons . Appelez-moi pour bénir votre union et vous aider à grandir l'un au travers de l'autre, en suivant le chemin du père.

D'UNE ÉPOUSE PASSIONNÉE
À UNE FEMME BATTUE

Je regardais mon union avec Paolo avec grande anticipation, envisageant notre amour. Ayant dû attendre 4 ans pour vivre le bonheur d'être sous le même toit en étant marié, le temps passant petit à petit, je devenais heureuse de nous projeter ensemble en tant que mari et femme.

Ce qui me permettait d'apprivoiser l'idée d'un contact physique avec mon mari, était la projection d'avoir non pas un, mais plusieurs enfants. Alors que j'étais résignée au mariage, voir naitre et faire grandir des enfants, me rendait l'idée plus supportable et acceptable. J'avais hâte du jour où j'aurais des enfants. J'imaginais à quoi ils pourraient ressembler en descendant de mon mari et de moi. Je les imaginais jouant sur le sol, moi les prenant pour les conduire au parc en passant par la place principale, les portant et les enlaçant, pour les coucher le soir avec des prières et des chansons.

Finalement, deux petits anges, de magnifiques jumeaux, arrivèrent, et ils nous ont donné une grande joie. Nous avons appelé nos fils Giangiacomo et Paolo Maria. Ils furent baptisés à l'église de Santa Maria della Phlebe à Cascia, et chacun d'entre eux m'a apporté la satisfaction que j'avais imaginé (et bien plus encore). Leurs sourires pétillants rendaient mon âme heureuse. Les regarder grimper, écouter leurs rires alors qu'ils découvraient les goûts des differents aliments, les surveiller silencieusement alors qu'ils s'endormaient dans mes bras - tout de mes fils m'apportait de la joie. Ils ont rempli l'objectif que j'avais pour eux et l'objectif de mon mariage.

Lorsque j'ai épousé Paolo, je n'avais pas réalisé qu'il ne croyait pas en Dieu, à cause de cela, je me sentais quelque peu déçue. Selon les engagements que nous nous avons pris à notre mariage, nous devions aller à la messe, à l'église tous les deux à Roccaponera et à Cascia. Paolo avait toujours l'air pieux pendant ces moments, lisant des passages de la Bible et chantant les chants à la messe. À cause de son enthousiasme pour aller à l'église, j'étais sûre qu'il avait foi en Dieu et aux enseignements de Jésus-Christ. Mon assurance me rendait joyeuse et en securité dans les mains de l'homme que mes parents avaient choisi pour moi.

Mais ma vie avec Paolo changeait, doucement mais sûrement, pour le pire. Son irascibilité devint de plus en plus envahissante. il s'emportait toujours rapidement, ce qui laissait place à la colère, et cette colère devint de plus en plus forte. Paolo commença à rentrer de plus en plus tard à la maison pour dîner, et quand il arrivait à la maison, il sentait toujours l'alcool. Graduellement, sa peau malodorante faisait de plus en plus peur, et sa colère était de pire en pire. Il parlait vaguement et délirait à propos de tout : le dîner, la façon dont je servais la nourriture, comment je décorais la maison, comment je m'habillais, comment je coiffais mes cheveux. Rien ne le satisfaisait et tout l'ennuyait! Peu importe quand il arrivait à la maison, il commençait vite à se plaindre à propos des factions qui se querellaient à Cascia et à Roccaponera. Selon lui, les hommes de Perugia semblaient être les pires guerriers. Il râlait du fait que ces hommes ne savaient pas

15

se servir d'armes. Il braillait à propos de la qualité de leurs armes et de leur stupidité. Il n'avait que du dédain et de la haine envers les hommes qui prenaient des otages de Roccaponera et de Cascia. Je me sentais démunie lorsqu'il se plaignait ainsi, et je ne pouvais rien faire d'autre que de prier silencieusement pour la paix, pour réduire la dépendance à l'alcool de Paolo.

C'était ma foi qui me donnait la force dans ces moments-là. C'était Dieu qui me donnait la paix à l'intérieur de mon cœur et de mon âme. J'ai demandé, également, force et habileté pour aider mon mari.

Six siècles plus tard, je vois encore des femmes et des hommes qui font encore l'expérience de l'abus matériel et de la violence dans le monde. Bien que les femmes soient toujours la cible principale des abus physiques, sexuels et émotionnels ; les hommes, eux aussi, expérimentent ce phénomène dans l'époque moderne.

J'ai le sentiment que chaque femme ou personne ayant subi des abus trouve cela déconcertant et n imagine meme pas, comment elles ont pu en arriver là.

"Comment cela a-t-il bien pu m'arriver ? Pourquoi dois-je passer par là ? Que faire ? Comment est-ce que je sors de cette relation sans que mes enfants en souffrent ? Comment puis-je protéger mes enfants ? Comment puis-je en sortir vivante ? Est-ce ma faute ? Comment aurais-je pu faire différemment ? Va-t-il ou s'arrêter ? Les choses peuvent-elles s'améliorer ? Est-ce que je dois rester ou partir ? Si je pars, où vais-je aller?"

Nous avons tellement de questions lorsque nous réalisons que nous sommes arrivées à un point où nous avons vraiment besoin d'aide. Ainsi, je vous appelle pour que vous me demander de l'aide, si vous vous trouvez dans ce type de situation de déséquilibre. Je servirai d'intermédiaire avec Dieu le Père et lui demanderai de vous aider. Il y a beaucoup, beaucoup de ressources disponibles pour les femmes et les enfants souffrant d'abus verbal et/ou de violence physique dans leur foyer. Je vous aiderai afin que vous trouviez protection, refuge et paix, ainsi qu'une nouvelle vie. Une fois cela fait, je vous aiderai à trouver une paix encore plus grande à travers le pardon. Une fois que nous sommes séparés physiquement du problème, nous devons travailler sur le pardon à distance. Cela ne veut certainement pas dire que nous retournons vivre l'abus, mais nous pouvons trouver une paix qui dure au travers du pardon. Alors qu'il y a de plus en plus de ressources qui aident, publiques et privées, pour tous ceux qui doivent faire face à l'abus, je crois qu'il existe encore la même solution simple que j'ai trouvé il y a plusieurs siècles et qui m'a fait sortir de ma souffrance et de mon mal de cœur. *Ma solution était d'implorer Dieu.* Avec Dieu, tout ce qui est impossible devient possible. Avoir foi en ce que tout fonctionne pour le mieux : *ceci est l'essentiel.* Lorsque la foi et la prière sont infusées à l'intérieur d'une situation difficile, cette dernière se transforme en quelque chose de supportable. Ainsi, avec la foi, la prière, une analyse personnelle et une volonté de suivre la guidance de Dieu, nous pouvons trouver un moyen de sauver la vie , de trouver une vie paisible, une vie nouvelle.

Il est bon de faire le point sur la situation abusive et de comprendre notre implication là-dedans. Quel fut notre rôle? Avons-nous abandonné notre puissance? Aurais-je pu rechercher une aide psychologique ou thérapeutique pour aider à résoudre le problème ? Aurais-je pu offrir une plus grande protection à mes enfants?

A travers Dieu, nous devenons libres. On nous montre le chemin. Nous sommes protégés.

Mes chers, appelez-moi. Appelez-moi, Sainte Rita de Cascia. Je vous aiderai. Je serai avec vous pendant les moments où vous avez besoin. J'interviendrai en votre nom auprès de Dieu le Père, notre Créateur plein de compassion et magnanime, priant pour votre sécurité, protection et bien-être, ainsi que pour ceux de vos enfants et des personnes qui vous sont chères.

LE PARDON QUI SUIT LA TRAGÉDIE

Tout au long des années où j'ai grandi, mes parents avaient toujours été mon fondement émotionnel. Je sentais toujours un tel amour inconditionnel de leur part, que je croyais que rien ne pourrait jamais me faire souffrir, étant donné leur protection omniprésente. Ils m'avaient également appris à avoir une grande foi en Dieu, ce qui, alors que je grandissais, devint une plus grande forteresse de protection contre la souffrance. De plus, ils m'avaient donné le cadeau de vivre dans une paix de grande valeur, étant moi-même une "faiseuse de paix", et je développais une forte sensibilité pour la stabilité personnelle, la paix et la sérénité dans ma vie.

Peu de temps après mon mariage avec Paolo, la mort emporta vite mes deux parents. Ma mère mourut en premier, et mon père la suivit deux mois plus tard. Lorsque j'appris la nouvelle, je tristesse et sanglots m'envahirent. J'étais surmergée par la douleur, incapable de supporter l'idée de ne plus jamais les revoir. Aussi, j'étais attristée qu'ils ne puissent jamais voir mes enfants venir au monde. Mon cœur était comme brisé - cela faisait réellement mal physiquement, en plus de la douleur psychologique. Je pleurais souvent, parfois silencieusement et d'autres fois en criant.

Quelquefois, je cherchais inconsciemment ma mère dans notre cuisine, là où elle m'aidait souvent à éplucher les légumes pour la soupe. Autour de la table, j'attendais que mon père nous fasse la prière avant un repas. (il etait pieux et il priait toujours avant de commencer le souper, en remerciant le pere createur, et remplissait nos cœur avec du bonheur en remerciant le createur qui remplissait nos coeurs avec du bonheur. Simplement, la vie sans eux semblait impossible.

Graduellement, malgré la douleur, j'ai trouvé le courage de faire face à la réalité de leur absence. Je me suis tournée vers Dieu et lui ai demandé à ce qu'il prenne soin de leurs âmes. J'avais vraiment le sentiment qu'ils étaient heureux, paisibles, et au repos dans les bras du créateur. Ainsi, dans ces occasions où je sentais leur paix, mon cœur et mon âme devenaient un peu plus en paix. Je savais profondément en moi que tout allait bien pour eux, et qu'ils s'occuperaient bien de mes fils depuis le monde des esprits.

Alors que les années passaient, avec nos fils qui grandissaient, ainsi que ma vie qui se dédiait à leur éducation ainsi qu'à notre maison, je faisais face à toute la tristesse de vivre avec un mari qui se mettait toujours en colère contre moi, qui me jetait des choses au visage, et qui me disait des mots blessants.

Pendant et après ces colères, je me tournais vers Dieu, demandant la paix pour Paolo et la paix pour moi-même. Alors que Paolo avait l'air de s'en prendre qu'à moi, je remerciais Dieu qu'il ait épargné nos fils. Bien qu'ils étaient témoin de la colère de leur père, au moins ils n'en faisaient pas l'expérience eux-mêmes. Pour moi, ceci était une bénédiction. Mon cœur aurait été bien plus tourmenté si la colère avait été contre nous trois.

Bientôt, toutefois, encore plus de tragédie allait frapper notre maison.

En l'an 1413, arriva un jour comme un autre. Je ne voyais rien d'inhabituel à ce que Paolo arrive tard de nouveau en revenant du travail. Mais je devins de plus en plus préoccupée, alors que les heures passaient, avançaient de plus en plus dans la nuit et Paolo ne rentra pas. Soudain, ce sont des hommes qui arrivèrent pour me donner la nouvelle de la mort de Paolo. Mon cœur explosa avec détresse, particulièrement lorsqu'ils m'ont dit qu'il avait été tué. Malgré son tempérament difficile, je l'aimais comme époux. Une fois de plus, faire face à la vie sans lui semblait tellement impossible, au point que j'avais du mal à croire ce qu'ils me disaient. Ils me dirent que Paolo avait été trouvé près de la Tour de Collegiacone, là où il travaillait comme garde. Son corps avait été trouvé criblé de coups de couteaux. Sans rien me dire de plus, les hommes repartirent et je m'assis, horrifiée de leur terrible nouvelle.

Une fois que j'eus dépassé le premier choc, j'ai pris des vêtements et emmené les enfants, à qui j'ai dit "vous *devez* venir avec moi" et nous sommes partis dans la nuit chercher Paolo. Ce n'était pas long pour aller jusqu'à la tour, et alors que nous nous approchions, j'aperçus le corps de Paolo sur le sol, avec du sang émmergeant des coups de couteaux. J'ai immédiatement su que ce meurtre était dû à la querelle entre la famille Mancini et une autre famille de Roccaponera avec laquelle ils sont en guerre : la famille Ciccis.

En voyant Paolo étendu là, je suis tombée à genoux et j'ai prié pour son âme, demandant à Dieu de le recevoir dans son royaume et de lui donner la paix, suite à cette fin si violente et si terrible. J'ai également demandé à Jésus qu'il le reçoive et qu'il le mène dans le monde des esprits. Je savais dans mon cœur, qu'en toutes choses, dans les grandes comme dans les petites, Jésus était le chemin sûr pour la liberté de l'âme et pour la paix.

Lorsque quelques hommes arrivèrent pour porter le corps de Paolo vers notre maison, mes fils et moi les conduisirent en bas de la route, pleurant et criant tout le long du chemin.
Je savais ainsi que je devais me concentrer sur le pardon pour les meurtriers de Paolo. Je priais Jésus-Christ de m'aider à me forger un chemin vers la paix depuis ce conflit horrible. Le lendemain, tôt le matin, je me suis dit à moi-même *"quelle ironie que mes parents veuillent que je me marie à un homme pour ma protection et mon bien, et qui finit sans protection et reçoit une mort violente !"*.

Profondément dans mon cœur, je me faisais une force en me reliant à la mort de Jésus-Christ. Je priais pour le salut de l'âme de mon mari par Jésus et pour la consolation de mon chagrin. Je demandais également dans mes prières à ce qu'on me donne la force et l'habileté d'être en paix avec ses meurtriers. On m'a beaucoup vue comme une femme faible due à mon désir de paix - je sentais ce regard même de la part de mes fils - je savais que la paix était le seul moyen de pratiquer ma vertu chrétienne et ma foi. Dès que j'ai pu, je suis allée voir la famille dont je croyais qu'elle était responsable de la mort de Paolo pour leur parler de pardon. J'ai su instinctivement, quand je suis arrivée qu'ils étaient, en effet, ceux qui avaient tué Paolo. Je l'ai senti lorsqu'ils me regardèrent avec crainte. Mais je les ai surpris, em leur disant que je venais en paix et que je leur demandais au nom de Jésus-Christ d'arrêter toute cette violence et tous ces ressentiments ; et je savais dans mon cœur qu'ils avaient écouté sincèrement... Et qu'ils avaient été touchés par la puissance de mon pardon.

L'une des choses les plus puissantes et les plus guérisseuses que vous pouvez faire dans votre vie, mes chers, est de par-donner. Le pardon est le plus grand cadeau que vous pouvez vous donner, parce que vous vous sauvez du ressentiment, de l'inquiétude, de la colère et du mal spirituel. Il s'agit de l'un des plus profonds messages que Jésus-Christ nous a en-seigné. Pratiquez la patience, la compassion et la tolérance alors que vous pardonnez á toute forme de vie à dans le cos-mos. Le résultat est l'autoguérison et la guérison des autres.

La Pire Souffrance Qu'une Mére
PUISSE CONNAÎTRE

Mes fils étaient dévastés par la perte de leur père. Alors que Paolo avait si souvent divagué sur moi, il s'était toujours remarquablement restreint avec nos fils. Il était tellement fier d'eux, et ceux-ci le lui renvoyèrent en l'honorant comme un père fort, extraverti et masculin. Alors, après le meurtre de Paolo, ils voulaient immédiatement venger sa mort, jurant sur le nom de leur père au paradis et sur le nom de Jésus-Christ qu'ils tueraient les meurtriers de leur père. En tant que jeunes adolescents, leurs réactions à propos de la mort cruelle de leur père n'était pas surprenante, recréant ainsi le climat de guerre qu'il y avait en ce temps-là. Les deux garçons commencèrent à questionner la famille et les amis de leur père pour savoir qui pourraient être le ou les meurtrier(s). Ils se concentrèrent sur une famille en particulier, celle qui avait toujours eu une querelle contre la famille Mancini. Mes fils commencèrent à parler et se renfrogner de la même manière que leur père, criant que le parti coupable devrait mourir de manière douloureuse et que leur sang coulerait dans les rues de Roccaponera.

Alors que ces tirades vindicatives s'exprimaient à tout bout de champ dans notre foyer, mon cœur était de plus en plus lourd. Le meurtre était pour moi le pire type de vice possible. Selon moi, seul le Père au paradis avait le droit de prendre une vie. Il était inconcevable pour moi que mes fils puissent devenir des meurtriers avec des tâches de sang, pas seulement sur leurs mains, mais aussi dans leurs âmes. Et j'avais peur qu'ils soient tués parce qu'ils auraient tué. Alors que mon cœur devenait encore plus lourd, je sentais de l'anxiété dans ma poitrine. Pour moi, les respirations relevaient plus de saccades que de respiration, et avec la détresse dans mon cœur qui augmentait, ma respiration devenait de plus en plus étriquée. Je m'efforçais de trouver la paix dans mon âme troublée. Je priais fortement Dieu pour qu'il prenne la vie de mes fils, plutôt que de leur permettre de devenir des meurtriers. Je le suppliais de les arrêter dans leur élan de vengeance de la mort de leur père, et donc de causer du tort à ceux qui l'ont tuer. Je priais à la fois pour le pardon et la paix pour tous.

Et c'est ainsi que la tragédie la plus horrible, la plus inattendue arriva : mes deux fils devinrent malades et moururent d'une maladie qui ravageait la campagne. Les symptômes étaient de très fortes fièvres, une constante nausée et la déshydratation. Ils furent rapidement mis en quarantaine dans un bâtiment au bord de la ville, là où d'autres personnes affectées par la même maladie luttaient pour rester en vie. Chacun d'entre eux avait une fièvre très forte et vomissait de manière presque constante, de sorte qu'il ne restait rien dans leur estomac.

Je suis allée dans ce bâtiment et je me suis assise à côté d'eux, demandant à Dieu, de les bénir et de ne pas les éloigner de moi. Soudainement, mon âme cria en sanglots, "je peux supporter ma propre mort, la mort de mon mari et celle de mes parents, mais je ne peux pas supporter la mort de mes fils. Pitié, Père, pitié, soigne mes fils de cette horrible maladie!" J'ai prié pour ma propre force, jour et nuit, et j'ai prié pour que l'âme de mes fils soit assez forte. J'ai prié pour que la prière que j'avais faite auparavant dans laquelle je demandais qu'il prenne la vie de mes fils afin que ces derniers NE deviennent des meurtriers, ne se matérialise pas. Désormais, je réalisais que j'étais la personne qui avait du sang sur les mains. Je me sentais perdue dans ma propre âme et dans mon cœur qui se brisait avec sanglots et désespoirs.

Puis, en un flash, tout était terminé. Mes fils étaient morts. Je me sentais comme si on m'avait enlevé une partie de mon corps, comme si par cette horreur soudaine, mon cœur était coupé par une large et profonde ouverture. Je pleurai, pleurai et pleurai encore, sans consolation. La douleur et la souffrance furent encore plus grande que ce que je n'aurais jamais pu imaginer. Je suppliais Dieu en prière de soulager cette dense et insupportable douleur. Toutefois, je savais que je devais traverser ce chemin plein de souffrances, pour le ressentir à un niveau plus profond, avant que je puisse m'en sortir petit à petit. Alors, je me suis laissée aller avec des larmes et des pleurs indesceriptibles, sans aucun proche pour me consoler et me réconforter.

Alors que les jours, les mois, puis les années passaient, Dieu, dans son infinie reconnaissance et son inépuisable compassion, guérit ma souffrance. Pas un seul jour ne passait sans que je ne le prie.

Finalement, les ténèbres commencèrent légèrement à se dissiper et mon mal de cœur s'allégeait. Et ensuite, le miracle des miracles, je commençais à me sentir joyeuse que mes fils soient auprès du Père au paradis ! Je sentais que leurs âmes étaient désormais joyeuses, et libres avec les anges, Jésus-

Christ, Marie, et sous la protection et l'amour de l'Éternel, magnanime Père-Créateur, Dieu.

Mes chers, c'est au travers la foi en notre père au paradis et la foi au monde des esprits pour un monde en plus grande paix et joie, que la souffrance humaine avec la perte d'un être cher peut être surpassée. Lorsque nous réalisons que nos êtres chers sont dans un monde plus grand et de plus haute qualité de bien-être, nous pouvons laisser partir le sentiment de perte et la tristesse, et ressentir de la joie pour eux. Lorsque nous avons la foi que nous serons réunis avec nos êtres chers, une fois cette transition faite, cette tristesse peut partir. Et lorsque nous croyons continuellement qu'ils sont proches de Dieu, alors toutes les souffrances peuvent partir, et nos cœurs peuvent évoluer en une plus grande lumière et sérénité.

ENTRER DANS L'ORDRE AUGUSTINIEN
D'UNE MANIÈRE IMPOSSIBLE

Après la mort de Paolo et de mes enfants, j'ai vécu une longue période de tristesse. Pour que je fasse ce que Dieu pensait qui serait le mieux, je suis allée régulièrement à la messe, priant Dieu intensément pour qu'il s'occupe bien de Paolo et de mes fils. Sincèrement, à certains moments, mes fils m'ont tellement manqué que je ne savais pas quoi faire de moi-même. Toutefois, j'ai fini par trouver un endroit de réconfort dans la "Scoglio", au pied des montagnes robustes de Roccaponera. Ce grand pic montagneux, qui me remémorait la sensation d'être comme au paradis dû à sa hauteur, devînt mon refuge et mon lieu de paix. À cet endroit, j'ai prié pour que mon cœur se remplisse, en passant beaucoup d'heures chaque jour dans la prière et la contemplation. J'ai demandé à Dieu de m'enlever tous mes sentiments d'apitoiement, de tristesse profonde, de vide intérieur ainsi que mes sensations de désespoirs. Je lui ai également demandé de remplacer tous ces sentiments par de l'amour, de la charité, de l'espoir, de la joie et de la paix. J'ai quotidiennement abandonné mon cœur à Dieu, pour qu'il puisse réparer les pièces cassées et les transformer en un cœur plein d'amour pour les autres... Un cœur plein qui pourrait être rempli de services pour ses autres enfants.

Ressentant et sachant que le seul moyen d'éradiquer mon mal était d'être au service des autres, je commençai à travailler à l'hôtellerie locale, m'occupant des inconnus et des voyageurs qui étaient venus à Roccaponera chercher un abri, de la nourriture et de l'hospitalité. Ce travail était satisfaisant pour moi, particulièrement après avoir perdu mes enfants. Aider des jeunes hommes qui avaient perdu leur chemin, et tout leur argent pour leur offrir de la nourriture et un abri était très gratifiant.

Les aider m'a permis de renouveler mon esprit, pendant que je m'imaginais en train d'aider mes propres fils par les yeux de ces jeunes hommes. Je prenais soin d'eux et je les soignais comme une mère l'aurait fait lorsque ses enfants étaient malades. Puis, je les ajoutais dans ma liste de prières pour les autres. La routine d'aller à la montagne Scoglio pour la méditation et la prière, puis ensuite aller travailler pour aider ceux qui sont dans le besoin, m'a donnée, doucement mais sûrement, ourage et force pour vivre un autre jour.

Un jour, alors que j'étais dans une profonde méditation et prière, je sentis Dieu qui guidait mes pensées vers la vision d'être une nonne. Alors que tant d'images de ce genre arrivaient et fluctuaient dans mon esprit et dans ma vision, je réalisais que je voulais devenir une nonne, tout comme je l'avais désiré tant d'années auparavant lorsque j'étais une fille à l'âge tendre de 12 ans. Alors que je passais encore plus de temps à prier pour demander à Dieu quel était son destin pour moi, je reçus un message divin clair, dans lequel il me disait que je devais devenir une nonne, me dévouant à la fois à lui ainsi qu'à la charité et au service.

Immédiatement, je commençai à me souvenir du temps où je plantais et m'occupais du jardin du couvent avec les nonnes du Couvent de Marie-Madeleine à Cascia, qui appartenait à l'ordre de Sainte Augustine. Alors que j'allais régulièrement les visiter lorsque j'étais jeune, mes visites au couvent étaient devenues de moins en moins fréquentes lorsque je me suis mariée et que j'ai eu mes enfants. Cependant, les nonnes avaient été extraordinairement sympathiques et réconfortantes lorsque mon mari, puis mes fils moururent. Étant toute seule, sans famille, j'avais commencé à nourrir un plus grand contact avec elles... Et je commençais à considérer les nonnes, avec toute leur gentillesse, comme ma nouvelle famille.

J'aimais l'idée de vivre dans une vie tranquille, dans un plus grand isolement du monde, une vie de prière, de contemplation, de méditation et de service. Le désir de me dédier entièrement à Dieu surgit dans mon cœur de nouveau et devint mon plus grand souhait.

Ayant nourri une si grande amitié avec les nonnes, je pensais qu'elles seraient ravies de m'avoir comme l'une d'entre elles. J'avais pris ma décision de les rencontrer et de leur demander la permission de les rejoindre.

Lorsque je fis mon chemin vers le Couvent de Marie-Madeleine pour parler avec elles, les nonnes me reçurent avec amour et chaleur, comme elles l'avaient toujours fait. Elles me demandèrent en se sentant concernées comment j'allais avec la guérison de ma souffrance. Cela leur a plu que j'aie rendue service a beaucoup de visiteurs en besoin de Roccaponera et combien j'étais heureuse de faire ce travail.

Je commençai à parler de ma réelle intention de venir les visiter, en leur disant que j'avais toujours voulu faire partie de leur famille religieuse et que j'étais en fait là pour demander leur considération et leur approbation pour que je puisse devenir une nonne Augustinienne. De façon inattendue, les nonnes furent choquées et ne pouvaient pas croire que moi, ayant été mariée pendant 18 ans, je puisse penser qu'il serait possible pour moi de devenir une nonne. Le vœu de chasteté était une partie très importante pour devenir une nonne, me déclarèrent-elles fermement. Toutefois j'appris qu'il y avait tout de même des nonnes qui m'appréciaient énormément de par ma disposition envers l'obéissance spirituelle et le service, et qui pensaient que je devais être considérée. Le sentiment semblait être divisé entre celles qui pensaient que je méritais d'être incluse - de par la lumière de ma foi, de mon service, et de mon plaidoyer pour la paix - et celles qui pensaient que mon mariage et ma maternité m'empêchaient de devenir une nonne. De plus, le deuxième groupe s'inquiétait également des querelles entre des familles de Roccaponera et de Cascia, et que la famille de mon mari était impliquée dans ces rivalités.

Ainsi, malgré mon pardon aux meurtriers de Paolo et mes actions comme faiseuse de paix avec sa famille et avec beaucoup d'autres personnes dans la communauté, certaines nonnes étaient encore contre mon affiliation. À la conclusion de leurs délibérations, il fut dit par la mère supérieure qu'il me serait impossible de rejoindre leur ordre.

Le temps passa, et un soir, alors que j'étais agenouillée sur mon lit, demandant à Dieu de m'aider à devenir une nonne, je me suis retrouvée à méditer avec Marie Madeleine, celle dont le nom avait été donné au couvent. Je me retrouvai ainsi dans une vision d'elle pendant qu'elle était au pied de la croix de Yeshua et qu'elle appelait Jésus-Christ. Je sentis dès lors sa douleur indicible alors qu'elle était témoin de la mort lente de son bien-aimé maître et amant. L'immense profondeur de sa souffrance transforma ma frustration, celle de ne pas être acceptée par les nonnes dans l'ordre. Je me sentis absorbée dans une lumière dorée, ressentant le confort, la douceur et la paix de la Divine énergie féminine de Marie-Madeleine. L'or m'enveloppa et renforça mon âme. Elle me guidait tendrement pour retrouver ma foi. Je sentais qu'elle était ma mère, ma sœur, ma fille. *Je sentais qu'elle était moi.*

Encore une fois, je demandai à mon créateur et à son Fils Jésus-Christ de m'aider dans ma quête pour devenir une nonne en dévotion pour eux. Puis soudain, je sentis la plus incroyable des sensations ... Comme si on me donnait deux larges et pleines ailes, de couleur blanche, pure, d'environ 1m50 de long. Ensuite, la chose la plus impossible arriva ! Je fus transportée à la chapelle du couvent de Marie-Madeleine et me retrouvai agenouillée en train de prier à l'autel de la chapelle, au lieu d'être à côté de mon lit !

Je regardai autour avec émerveillement ! Il y avait des bougies allumées autour de la chapelle, comme si quelqu'un avait attendu mon arrivée. Je regardai derrière moi et je vis trois hommes rayonnants, émanant la lumière de Dieu et me souriant. J'avais étudié la vie des Saints, mais je fus ébahie d'apprendre les noms de ces trois Saints : Saint-Jean le Baptiste, Saint Augustin de Hippo et Saint-Nicolas de Tolentino. Ils me dirent qu'ils étaient venus pour me souhaiter la bienvenue en tant que nonne de l'ordre Augustinien ! Étant donné que Saint-Augustin de Hippo avait été le fondateur de l'ordre Augustinien, il me dit qu'il était venu pour me guider dans une vie de prière et d'isolement.

Apparemment, les bougies allumées et la conversation attirèrent l'attention d'une des nonnes qui était venue voir quelle était cette agitation. Elle me vit sur l'autel, parlant avec trois hommes, entourés d'une lumière dorée brillante, comme s'ils faisaient partis du soleil. La nonne alla en courant réveiller la Mère Supérieure. Elle réveilla également d'autres nonnes, qui suivirent la Mère Supérieure en un groupe à l'arrière de la chapelle. Au moment où elles arrivèrent, les trois Saints était déjà repartis. Il ne restait plus que moi à la chapelle, souriant de manière radieuse avec une gratitude si grande que je sentis mon cœur s'agrandir comme une bulle incroyable et lumineuse.

La Mère Supérieure me demanda comment j'étais rentrée dans le couvent et la chapelle sans une clé. La porte en fer du couvent avait une grande clé de la taille d'un poing et la porte avait été verrouillée. Ce miracle, plus connu comme une "apparition impossible", convainquit la Mère Supérieure et les nonnes du couvent de Marie-Madeleine de m'accepter en tant que l'une des leurs. Au travers cette intervention divine, Dieu m'avait certainement bénie de la façon la plus incroyable !

Ce n'était pas une coïncidence que ces trois Saints soient venus répondre à mes prières et me guider vers ma nouvelle vocation en tant que nonne ; ces trois Saints étaient vénérés par les habitants de Cascia. Jean-Baptiste, le cousin de Jésus-Christ, continuait à être honoré sur la colline de Cascia plusieurs décennies après, dans la petite église dédiée à sa mémoire et montra le chemin pour en construire une encore plus grande nommée en l'honneur de Saint Augustin. Ce fut Jean-Baptiste, qui avait été le grand prophète, faisant le lien entre l'Ancien et le Nouveau Testament, qui annonçait la venue éminente du Messie. Il fut celui qui enseigna comment nettoyer et purifier son âme au travers du baptême avec de l'eau bénite. Et ce fut Saint-Jean-Baptiste qui sût qu'il ne ferait qu'une voix en appelant d'autres personnes, pour la venue de Jésus le Messie... un témoin de la lumière. De ce Saint, j'ai appris l'importance de faire la volonté de Dieu et de proclamer la vérité de l'amour inconditionnel et le pardon enseigné par Jésus-Christ. C'est á travers lui que j'ai appris à suivre le Christ comme mon Sauveur et mon Maître.

Mon second Saint patron, Saint-Augustin de Hippo, était le père spirituel des frères qui bâtirent l'église sur la colline de Cascia au 13e siècle. Il avait mené une vie de passion intense dans les plaisirs engendrés par la richesse, la renommée, la luxure et l'ambition, jusqu'à ce qu'il se soit converti au catholicisme à l'âge de 32 ans. Sa mère dévouée, qui devint plus tard Sainte-Monique, avait profondément prié pour qu'il se convertisse, jusqu'à ce que ses prières soient exaucées affirmativement par Dieu. Saint-Augustin était un homme très talentueux et brillant dont les compétences en tant que professeur et orateur public étaient grandes. Il s'éleva rapidement dans l'église, jusqu'à ce qu'il devienne évêque de Hippo au nord de l'Afrique. Augustin avait écrit la "Règle" pour ceux qui souhaitaient suivre son exemple en tant qu'enfant de Dieu, puissamment guidé par l'amour et la grâce de Dieu. Il avait lui-même créé trois communautés monastiques en

Afrique du nord, où les moines et les nonnes adoptèrent également sa règle pour les communautés fondées en Afrique et dans l'Empire Romain. J'avais également appris de Saint-Augustin que Dieu travaillait dans nos vies, même dans les moments les plus sombres, dans les expériences les plus décevantes de notre vie. Par ailleurs, lorsque nous choisissons d'agir selon sa volonté, peu importe les circonstances, cela nous mène sur un chemin certain de paix.

Mon troisième Saint patron, Nicolas de Tolentino, n'était pas encore considéré comme un Saint lorsque je l'ai connu pour la première fois, même s'il l'est devenu avant ma mort. Il fut canonisé 141 ans après sa mort, et devint le premier membre de l'ordre de Saint-Augustin, Saint tant honoré. Nicolas est né dans la ville de Castel Sant'Angelo, dans la région connue comme les frontières de l'Italie. Sa naissance fut similaire à la mienne, dans le sens où ses parents avaient été stériles pendant plusieurs années et avaient prié Saint-Nicolas de Bari pour avoir un enfant. Remplis de gratitude et de foi envers leurs prières et leur pèlerinage vers Bari, leur fils Nicolas fut nommé à la lumière du nom de ce Saint. Lorsqu'il était un jeune garçon, il avait été hautement influencé par une confrérie locale prêchant dans l'ordre augustinien, et il avait alors décidé de devenir un prêtre ordonné dans les Augustiniens. Nicolas passait le plus clair de sa vie à Tolentino, s'occupant des pauvres et des malades, avec sa personnalité chaleureuse et pleine de compassion. J'avais toujours aimé la légende selon laquelle, dans un rêve, il fut visité par un frère, qui demandait de l'argent pour les messes, pour qu'on leur offre la délivrance, à lui et son compagnon, qui souffrait dans le purgatoire. Il avait alors offert la messe pendant 7 jours pour ces âmes. Lors de la septième messe, il fut de nouveau visité par le frère, qui le remercia pour son entrée au paradis, ainsi qu'à beaucoup d'autres âmes, et la paix éternelle. Je le regardai alors comme un ami en prière, mais également comme un maître spirituel pour l'aide des personnes malades et pauvres, particulièrement après la mort de Paolo et de mes enfants.

Moins d'un an après, je fus formellement recue dans la communauté des nonnes augustiniennes au couvent de Marie-Madeleine. Au moment où je reçus la nouvelle, je donnai toutes mes possessions matérielles aux pauvres de Roccaponera et de Cascia, et je sentis immédiatement une sensation profonde de liberté et de paix que je n'avais jusqu'à présent jamais connu.

Au couvent, mon nom fut entré dans la liste comme Margarita Mancini Fernando. Dès le premier jour, là-bas, je fus habillée dans un habit noir, et pendant 40 ans, j'ai vécu alors une vie cachée de prière, d'obéissance, de pénitence, de charité et de service à la communauté. Cette vie me permettait alors de nourrir les malades et les pauvres avec mes sœurs de la communauté de Cascia, me donnant profonde satisfaction, sachant que je suivais la volonté et la grâce de Dieu. Ma vie de prière quotidienne et la routine de l'Ordre augustinien avaient une joie et une paix tranquille. Je sus alors que j'étais au bon endroit pour mon âme.

Notre Père au paradis conduit des miracles sur terre tous les jours. Il répond aux prières, il soigne les malades et offre de l'aide financière à ceux qui en ont besoin et qui ont un cœur ouvert et reconnaissant. Mes chers, notre Père au paradis a également avec lui des aides dans le domaine des Saints et dans les Royaumes angéliques. Appelez-nous avec des demandes d'aides qui peuvent avoir l'air impossible. Vous serez impressionné des miracles qui peuvent arriver avec la foi.

TROUVER LA PAIX EN TANT QUE NONNE

J'ai vécu 40 ans en tant que nonne dans l'ordre Augustinien. Ma vie pendant cette période était très simple et plutôt ordinaire, marquée par une routine quotidienne de prière, de contemplation dans le silence, de travail et de charité. Au fond de moi, j'étais remplie de la foi en Dieu dans une paix inébranlable. Alors que les années passaient, je compris et j'intégrai les mots de Saint-Paul : La paix qui surpasse tout entendement".

La règle de Saint-Augustin qui guidait notre communauté nous invitait, en tant que nonnes, à voir toute la vie comme un cadeau du Père, poursuivant une plus profonde et une plus authentique intimité avec lui. Je suivis ce chemin, vivant une vie d'union avec Christ au travers de la prière et l'action. Saint-Augustin écrivit cette règle au 5e siècle, exprimant ainsi le comportement spirituel pour ses moines. Ce comportement fût adopté plus tard pour les communautés spirituelles des femmes. Deux principes primordiaux étaient vus dans cette règle comme le commandement principal prêché par Jésus-Christ, : l'amour de Dieu et l'amour de son prochain. Ces deux principes étaient primordiaux dans la vie monastique que j'ai mené.

La prière quotidienne et la contemplation ou la méditation en silence étaient chacune comme le roc de mon fondement dans mes tâches routières. Je priais beaucoup d'heures chaque jour, dans ma chambre, dans la chapelle et pendant mes corvées de la journée.

Sans surprise, je continuais à aimer le jardin, à faire pousser les légumes et les fruits, et également planter et nourrir les fleurs, spécialement les roses qui me rappelaient toujours notre mère bénie Marie. J'ai également passé beaucoup de temps dans la cuisine pour préparer de la nourriture pour les pauvres et les voyageurs qui visitaient Cascia. Une autre corvée que j'aimais faire était de coudre et de tricoter des habits pour les pauvres et les personnes dans le besoin de Cascia. Nous faisions souvent cela en assemblée de sœurs à l'unisson. Il y avait quelque chose de très apaisant dans le fait de faire des corvées ensemble pour le bien de notre communauté. Les jours passèrent de façon simple et ordinaire, et de cette manière, beaucoup d'années passèrent. J'avais toujours fait de mon mieux pour offrir de la gratitude et de la générosité aux pauvres de Cascia. J'aimais également mes sœurs si profondément que je sentais que nous étions une entité, une communauté... Un avec le créateur et Un les unes avec les autres.

Notre foi est nourrie non seulement lorsque nous aimons notre Père, mais avant tout lorsque nous aimons nos voisins, nos frères et sœurs dans notre communauté élargie . Lorsque nous aidons les autres dans le besoin et que nous pratiquons l'amour inconditionnel, la gratitude et la générosité d'esprit, nous agissons selon la volonté de notre Père au paradis.

PARTAGER LA PASSION DU CHRIST

Mon profond amour pour Jésus-Christ m'a finalement guidé vers la chose la plus importante qui me soit arrivée dans ma vie. Par dévotion envers lui, passant beaucoup de temps en prière pour lui, j'ai passé des heures et des heures sur les genoux dans ma chambre, dans la chapelle et dans l'église. Tous les Vendredis Saints de ma vie, aussi loin que je me souvienne, je les passais sur les genoux, au moins de midi à 3h de l'après-midi - les heures pendant lesquelles Jésus était sur le chemin de croix.

En l'an 1442, j'étais déjà nonne Augustinienne à Cascia lorsque arriva le Vendredi Saint. Je passais ce moment sacré sur les genoux dans la chapelle. Et ce jour-là, un grand orateur, nommé frère Giacome della Marca prêchait (en français, il est connu sous le nom de Saint Jacques de la Marche). C'était un ami intime et disciple de Saint Bernardino de Sienna, qui basait ses sermons sur la dévotion de Jésus-Christ. Frère Giacome était également connu pour combattre les hérétiques, ce qui était fréquent à l'époque. Cet après-midi-là, beaucoup de nonnes du couvent de sainte Marie-Madeleine se recueillirent et se joignirent en une foule pour l'écouter prêcher en l'église de Santa Maria della Phlebe. Lorsque nous rentrèrent, je vins directement à la chapelle pour prier. Je m'agenouillai devant le grand crucifix de la Chapelle et je m'abandonnai à Dieu et Jésus-Christ.

Alors que je priais, je pleurais avec gratitude pour le cadeau que Jésus-Christ nous avait donné pour nous soulager et pardonner nos péchés. Ensuite, je commençais à prier alors que je me déplaçais dans un endroit plein de souffrance. Je pus voir la couronne d'épines placée sur le beau visage de Jésus, et, je ne sais comment, je commençai à ressentir sa douleur incompréhensible. Cette vision était si claire et m'apporta tant de douleur, un sentiment d'impuissance si profond, que moi aussi je me sentis perdu avec cette souffrance. Je commençai à pleurer avec une tristesse si profonde, et mes larmes coulèrent pendant des heures et des heures.

J'ai finalement demandé a être capable de participer à cette passion douloureuse. Je voulais prendre ma part dans cet énorme fardeau que Jésus avait reçu. Alors que je commençais à faire le point sur Jésus sur la croix, ma douleur émotionnelle commença à devenir de pire en pire, devenant presque insupportable. Soudain, je sentis une douleur physique provoquant un choc, perçant mon front. (Cet endroit sur le front est connu par beaucoup de praticiens spirituels comme le "troisième œil" ou "l'ouverture de l'âme".) Je fus stupéfiée et je ne pus plus bouger pendant quelques secondes. Ensuite, je me levai pour voir ce qui c'était

passé sur mon front. Je réalisai par la suite que c'était une épine coincée dans mon front qui me causait cette extraordinaire douleur. Je m'agenouillai immédiatement à l'autel en gratitude, en souffrance, et en stupeur.

Christ m'avait honoré. Il avait répondu à ma prière pour m'inclure dans sa passion et il m'avait fait part de son stigmate. Je n'avais pas de mot pour décrire ma gratitude et mon amour.

Ce stigmate allait être là avec moi tout le restant de ma vie, et allait être douloureux pour le restant de ma vie. Pendant 15 ans, ce stigmate restera sur mon front. Il se transformera souvent en une blessure ouverte, faisant parfois suinter du pus. Mes sœurs nonnes m'évitaient souvent, parce que cela émettait, selon elles, une odeur vraiment déplaisante. Cependant, bien que cela soit un fardeau difficile à certains moments, ce n'était rien comparé à la passion totale de mon Sauveur, qui était un cadeau spirituel que j'embrassais avec amour et gratitude.

Il n'y a rien de comparable à la souffrance de Jésus-Christ sur terre. Notre propre épreuve sur terre palis en comparaison de son immense passion. Lorsque nous nous remémorons cela, mes chers, nous pouvons apprendre à être humble, respectueux et patient alors que nous apprenons nos leçons tout le long de notre vie sur Terre.

LE MIRACLE DES ROSES ROUGES ET DES DEUX FIGUES

J'avais été alitée pendant 3 ans vers la fin de ma vie avec des incessantes quintes de toux et de fréquentes fièvres avec de fortes températures. De plus, je sentais des douleurs tout le long de mon corps, fréquemment dans le dos, et même parfois du dos jusqu'aux hanches et jambes. La douleur me torturait souvent, et elle m'empêchait de marcher sans l'aide de mes sœurs.

Un jour arriva où la fièvre prit complètement le contrôle de mon corps et je commençais à sentir que je partais pour un nouvel endroit. Je sentis les bras de Dieu autour de moi, me soutenant, caressant mes cheveux ; il me fit savoir que la fin était proche et que j'étais en sécurité. Un jour, ma cousine, Maria Agnelli, vînt me rendre visite, ayant entendu dire que mon état empirait et que j'allais progressivement vers la mort. Elle tint ma main alors qu'elle s'asseyait à côté de moi, et elle me demanda ce qu'elle pouvait faire pour m'aider à me sentir mieux. J'avais vraiment envie de voir mon vieux jardin dans la maison de mes parents à Roccaponera. Alors je lui demandai d'aller à Roccaponera et de m'apporter une rose du jardin de mes parents. Maria me rappela que nous étions en janvier et que trouver une rose sous la neige en hiver serait impossible. Je lui demandai malgré tout d'essayer, d'en trouver une, de retourner à Roccaponera en étant mes yeux et mes oreilles une dernière fois.

Quelques jours passèrent avant que Maria revienne. Elle était allée à Roccaponera et elle fut ébahie de trouver une rose rouge parfaite poussant dans le jardin de la vieille maison de mes parents. Elle prit la rose et me la rapporta. Mon cœur fut illuminé lorsque je vis la magnifique "miraculeuse" rose rouge. Je respirai son arôme parfumé et j'interprétai cela comme un signe que la Vierge Marie était avec moi... et qu'elle me recevrait également bientôt dans le royaume de notre Père. Je me sentis entourée d'amour.

Quelques semaines plus tard, ma cousine revint de nouveau au couvent. Sachant que je me préparais pour la transition, je lui demandai alors de m'apporter deux figues du figuier à l'extérieur de ma maison de Roccaponera, là où j'avais vécu avec mes fils et mon mari. Ma cousine se hâta pour m'apporter les figues, ayant foi qu'elles seraient sur l'arbre, ayant déjà expérimenté le miracle des roses. Lorsque Maria arriva au jardin, elle vit deux succulentes figues mûres poussant sur le figuier gelé. Lorsqu'elle revint avec ces dernières, je sût que ces deux figues symbolisaient mes deux fils bien-aimés, avec leur bienvenue prochaine lorsque je traverserai le voile de ce monde vers le prochain. Ces deux symboles, la rose pour l'amour et les figues pour la vie nouvelle, réconfortaient mon âme. Je sus profondément que j'étais prête pour voir bientôt le père au paradis.

Après cela, je me sentis engloutie dans des nuances de rouge, diverses et variées, d'un rose ou d'un rouge lumineux, à un rouge profond et sombre. Toutes les couleurs de l'amour prirent mon cœur dans une étreinte, jusqu'à ce que je me sente pure amour divin. Proche de la mort, je n'avais ni peur ni la volonté de me battre contre la mort. Je pus sentir toutes mes sœurs du couvent se rassembler autour de moi, priant silencieusement ou chuchotant des prières tranquillement ... Ce qui était pour moi comme du linge chaud placé autour de moi dans un cocon de protection. Je m'abandonnais à la mort et j'offrais mon corps entier à l'amour de Dieu le Père, de Jésus Christ et de notre Mère bénie Marie. J'accueillis l'amour et la guidance du divin et je trouvai la paix parfaite, alors que je glissais dans les bras de Dieu en 1457.

Au moment de mon passage, je pouvais me sentir transformée en pure lumière et chaleur. Je sentis également par la suite tant de béatitude, de bonheur et de paix. Aussitôt, les cloches du couvent se mirent immédiatement à sonner, *sans que personne ne soit allé les sonner*. Mon âme sentait tant d'humilité, alors que les habitants de Cascia venaient témoigner, en répondant aux cloches, en allant aux portes du couvent pour prier mon âme et célébrer ma vie sur Terre. Je sus alors que j'allais être porté avec grâce et d'infinies gratitudes de la part de Dieu.

Alors que je restais silencieuse à propos de mon expérience au sujet de la transition, je fus enchantée de savoir que je pourrais continuer à faire le travail de Dieu depuis le monde des esprits, pour inspirer l'espoir, l'amour et la paix sur terre. Je fus surprise d'apprendre qu'il y avait tant de conversation à propos de moi, ma vie et mes apparences post-mortem. Ces discussions arrivaient jusqu'au Vatican à Rome pendant une longue période. En l'an 1628, je fus béatifiée par le Pape Urbain VIII et fut canonisée en tant que "Sainte Rita" par le Pape Léon XIII. Mon jour de fête - ou le jour de la célébration de ma vie par l'Église catholique - est désormais officiellement le 22 mai chaque année.

Mes chers, souvenez-vous toujours que nous sommes des êtres spirituels passant au travers de cette terre pour apprendre et surpasser nos épreuves et nos souffrances. Nous faisons notre travail pendant que nous sommes sur cette terre, et également après. Si vous vous trouvez chargé par ce travail, appelez-moi pour faire l'intermédiaire avec Jésus-Christ et notre Saint Père. Vos charges seront réduites, et dissipées avec votre foi.

LE SOIN POST-MORTEM D'UN CHARPENTIER

Après ma mort, mes sœurs bien-aimées du couvent me lavèrent et me mirent dans un tombeau en bois tout simple, ce qui était habituel à cette époque. Un des habitants de Cascia, qui était venu me saluer pour faire ses hommages, s'appelait Cicco Barbado et était charpentier. Il n'était plus capable de travailler, à cause d'une paralysie et d'un accident vasculaire cérébral fort. Il pria calmement sur ma tombe, et me dit humblement, "si seulement j'allais bien, Sœur Rita, j'aurais préparé un endroit plus digne pour ton repos."

Mon âme fit immédiatement l'intermédiaire avec le Père au Paradis, et je demandai à ce que cet homme humble soit totalement soigné. Et, en effet, très vite après sa prière sur ma tombe, il fut parfaitement guéri de toute maladie ! Ceci fut mon premier miracle post-mortem. Cicco Barbaro reçut une nouvelle force dans ses bras et dans ses mains... et en gratitude, il me fit le tombeau le plus beau et le plus richement décoré, dans lequel j'allais me reposer pendant de nombreuses années.

Alors que de plus en plus de personnes venaient pour me dire au-revoir et demander mon intercession dans leur vie, mon enterrement était toujours reporté. Tellement reporté qu'il n'a finalement jamais eu lieu ! Étonnamment, mon corps ne subit pas le processus habituel de décomposition. Il a toujours été préservé, jusqu'à aujourd'hui encore, bien que je repose aujourd'hui dans un cercueil de verre dans la basilique de Cascia. Beaucoup de personnes disent souvent que mon corps est "parfaitement incorrompu" et qu'un parfum de rose émane souvent de ce dernier. Cependant, le cercueil construit par Cicco Barbaro réside toujours dans le couvent de Sainte Marie-Madeleine, situé à côté de la basilique. Nous pouvons également noter que le couvent est aujourd'hui totalement cloîtré et inaccessible au public.

MIRACLES POST-MORTEM

J'intercède des milliers et des milliers de fois dans la vie d'êtres humains sur cette terre qui demande mon assistance en prière. Aucune personne ni aucune organisation n'avait contrôlé ou surveillé ces visites. Faisant partie du processus formel de béatification de l'Église Catholique en 1626, une investigation formelle fut conduite. Et à cette époque, 51 témoins avaient été questionnés et 76 apparitions et soins miraculeux furent documentés. Ce qui fut noté à l'époque, c'était que mon corps était parfaitement incorrompu et qu'un parfum de rose en émanait, ce qui est toujours le cas de nos jours.

Mon Père au paradis continue de me permettre de travailler sur Terre, intercédant avec des prières d'amour, de consolation et de soins, spécialement lorsque les situations semblent impossibles pour le cœur humain. Quelle pure bénédiction pour moi de rendre la vie possible lorsqu'elle a l'air impossible sur terre ! Merci Jésus-Christ ! Merci tout-puissant, saint et miraculeux père de faire des miracles lorsque mon âme le demande!

PRIÈRES ET REQUÊTES À SAINTE RITA DE CASCI

Prière pour la Cessation de l'Abus Conjugal

Divine Sainte-Rita,

Je t'appelle, Divine Mère Rita, pour m'aider dans cette situation de difficulté d'abus Conjugal dans laquelle je suis. Je te demande de faire l'impossible et de bénir chacun de nous qui y est impliqué, avec paix, harmonie et sécurité. Je demande que tout abus se dissipe. Je demande à ce que toute la colère, l'addiction et l'énergie négative soit retirée de cette situation. Enfin, je te prie pour une protection et sécurité entière auprès de moi et tous les êtres qui me sont chers.

Au nom de Jésus-Christ et de Mère Marie.

Prière pour la perte d'un enfant

Divine Sainte-Rita,

Je t'appelle, Mère Rita, pour m'aider dans la perte déchirante ou la séparation de mon enfant. Je te demande de faire l'impossible et de me donner consolation et paix. Je te demande de bénir mon enfant/mes enfants et de les placer dans les bras pleins d'amour de Dieu le Père. Je demande à être soulagée de toute souffrance, tristesse et douleur. Je demande à ce que le cœur et l'âme de mon /mes enfants soient éternellement protégés et bénis par le Père.

Au nom de Jésus-Christ et de Mère Marie.

NEUVAINE DE L'ÉGLISE CATHOLIQUE

Une neuvaine – ou novena, en italien - consiste à faire à une prière quotidienne pendant 9 jours consécutifs par rapport à un Saint particulier ou une entité spirituelle supérieure. Le premier jour commence généralement le jour du Saint, qui est souvent le jour de sa mort. Pour moi, il s'agit du 22 mai.

Premier jour

Sainte-Rita, je t'implore sérieusement pour plaider ma cause devant le Trône de miséricorde.

Tu as été reconnu comme la "Sainte de l'Impossible". Avec ton intercession, tu as obtenu de Dieu beaucoup de grandes faveurs pour ceux qui étaient en besoin urgent d'aide divine.

Je demande alors d'obtenir pour moi le cadeau de la confiance inébranlable en la bonté de Dieu ; de façon à ce que je puisse toujours me souvenir que Dieu est un père généreux et gentil pour moi ; et qu'il fasse toujours les choses pour mon bien.

Sainte-Rita, par ta Soumission à la volonté de Dieu, obtiens ma demande.

Dire également le "Notre Père" et le "Je vous salue Marie"

Prière

Oh Dieu, qui, dans ton infini tendresse, a sauvegardé par la prière ta servante Rita, et accordé ses supplications, dans lesquelles il est impossible par la prévoyance, la compétence et l'effort des humains, en récompense pour son amour et sa forte alliance à tes promesses ; aie pitié de nos adversités et nous secours dans nos calamités, que le non-croyant puisse savoir que tu es la récompense de l'humble, la défense des personnes sans aide, et la force de ceux qui croient en toi, au travers Jésus-Christ Notre Seigneur.

Amen.

Deuxième jour

Sainte Rita, ta vie sur Terre fut parcourue par de nombreuses difficultés et sévères tentations. Cette vie a dû être une vie impossible à vivre, mais la grâce de Dieu t'a soutenue.

Je te demande maintenant d'obtenir pour moi le cadeau de toujours rechercher la grâce de Dieu ; fasse que je puisse être toujours conscient de sa promesse de m'aider ; pour que dans la tentation, ma prière puisse être : "Seigneur sauve-moi"

Dire le "Notre Père " et le "Je vous salue Marie"

Troisième jour

Sainte Rita, tu étais un modèle pour nous dans ta loyauté et ton obéissance. Tu obéissais à tes parents, même au prix de grands sacrifices personnels ; tu obéissais à ton mari, même s'il t'a traité de manière abusive ; en tant que nonne tu obéissais à ta mère supérieure dans chaque détail de la vie religieuse.

Je te demande maintenant d'obtenir pour moi l'esprit d'obéissance ; de façon à ce que je puisse obéir gaiement à n'importe quel supérieur que je puisse avoir ; et que je puisse toujours me souvenir de mon Sauveur, Jésus-Christ, et son esprit d'obéissance jusqu'à sa mort, par amour pour moi.

Sainte Rita, par ton obéissance constante, s'il te plaît, entend ma demande.

Dire le "Notre Père" et le "Je vous salue Marie".

Quatrième jour

Tes parents étaient connus comme des "Faiseurs de Paix de Dieu". Peu importe où il y avait de la discorde, ils entraient dans cette maison et, par des mots doux et des prières, ils établissaient la paix. Ils t'ont appris à chérir la paix. Tout le long de ta vie, tu imitas leurs exemples.

Je te demande maintenant d'obtenir pour moi le cadeau de la paix - une paix de bonne conscience ; une paix par l'esprit ; la paix chez moi ; la paix au travail et avec mes compagnons. Je demande à mon Sauveur de toujours m'accorder la paix qu'il m'a garanti, particulièrement lorsque je serai en détresse et en inquiétude.

Sainte Rita, de par ton amour pour la paix, obtiens ma demande.

Dire le "Notre Père" et le "Je vous salue Marie".

Cinquième jour

Sainte Rita, tu as donné à tous un exemple de vertu héroïque par ton pardon généreux á ceux qui t'ont blessé. Lorsque ton mari fut assassiné, tu proclamas ouvertement le pardon des meurtriers et tu prias constamment pour leur transformation.

Je te demande maintenant d'obtenir pour moi l'esprit du vrai pardon pour ceux qui m'ont blessé ; que je puisse toujours me souvenir du commandement de notre Seigneur : "Prie pour tes ennemis, fait du bien à ceux qui te détestent", de façon à ce que je puisse être conscient de sa grande promesse : "Pardonne, et tu seras pardonné."

Sainte Rita, généreuse dans le pardon, obtiens ma demande.

Dire le "Notre Père" et le "Je vous salue Marie".

Sixième jour

Sainte Rita, souffrances et tristesses furent tes compagnes tout au long de ta vie. Patiemment et gaiement, tu acceptas toute épreuve, tout souci. Tu as appris le secret d'une vie heureuse, ajoutant à ton fardeau celui de ton sauveur. Le crucifix était là toujours devant tes yeux ; et de cela, tu en fis force et consolation.

Je te demande maintenant d'obtenir pour moi le cadeau de la patience dans la souffrance ; que je puisse toujours me souvenir que Dieu donne seulement la quantité de chagrin qui peut entrer dans ma vie, que, avec sa grâce, je puisse supporter, et que dans la souffrance, ma prière soit toujours : "passion du Christ, renforce moi."

55

Sainte-Rita, par ta compassion par Jésus crucifié, obtiens ma demande.

Dire le "Notre Père" et le "Je vous salue Marie".

Septième jour

Sainte Rita, Jésus, dans le Sacrement Béni, fut le pilier de ta vie. Tu as appris de ta mère à le recevoir avec respect dans la Sainte communion. Par notre Seigneur, dans le Sacrement Béni, tu es restée unie avec toi-même, de telle façon que tu as pu montrer dans ta vie sa promesse : "Celui qui mange ma chair demeure en moi et je demeure en lui."

Je te demande maintenant d'obtenir pour moi une révérence profonde pour notre Seigneur dans le Sacrement Béni ; pour que je puisse le recevoir dignement le plus souvent possible ; et que je puisse le visiter fréquemment dans le sacrement de son amour ; et que je puisse toujours également adorer sa Divine Présence.

Sainte Rita, par ton amour pour le Sacrement Béni, obtiens ma demande.

Dire le "Notre Père" et le "Je vous salue Marie".

Huitième jour

Sainte Rita, depuis ta propre enfance, tu as cultivé cet esprit de prière. Tu réfléchissais sur le sens du « Notre Père » et du « Je vous salue Marie » ; tu remplissais ton esprit avec des messages de l'Évangile ; tu as appris le secret de la prière - une humble conversation avec Dieu.

Je te demande maintenant d'obtenir pour moi l'esprit de prière ; pour que je puisse toujours parler à Dieu depuis mon cœur ; et que je puisse toujours me souvenir que je vis dans la présence de Dieu.

Sainte Rita, de par ton Esprit de prière, obtiens ma demande.

Dire le "Notre Père" et le "Je vous salue Marie".

Neuvième jour

Sainte Rita, tout au long de ta vie, tu fus toujours concernée avec la pratique de la charité. Tu étais douce et agréable, tu étais sympathique et pleine de compassion, tu ne te lésinais pas dans l'aide apportée aux autres.

Je te demande maintenant d'obtenir pour moi l'esprit de Charité, de façon à ce que je puisse toujours me souvenir que ceci est la plus grande vertu, que je puisse toujours m'efforcer à être bon dans mes pensées, mes paroles et mes agissements, et que je puisse toujours aimer les autres pour l'amour de Dieu.

Sainte Rita, par ton Esprit de Charité, obtiens ma demande.

Dire le "Notre Père" et le "Je vous salue Marie".

SUPPLICATION À SAINTE RITA

Sainte patronne de ceux qui sont dans le besoin, Sainte Rita, celle dont les plaidoyers devant notre Seigneur Divin ont toujours été reçus favorablement, celle qui a été appelée l'avocate des « sans espoir » et des « causes impossibles » - sois généreuse avec tes suppliants et montre ton pouvoir avec Dieu en leur nom. Sois également généreuse avec tes faveurs maintenant, alors que tu as été dans des causes tellement incroyables, pour une plus grande gloire de Dieu, celui qui répond à ta dévotion, et la consolation de ceux qui croient en toi. En comptant sur ton pouvoir d'intercession devant le Sacré-Cœur de Jésus, je te demande: _____

PRIONS

ô Dieu, toi qui, dans ta bonté, fit de ton mieux dans l'abondance pour la grâce de Sainte Rita, pour l'amour de ceux qui l'ont blessée ; pour avoir son cœur toujours dévoué à Jésus-Christ, et son front qui a grandement souffert par la pensée de son intercession et ses mérites, nous pouvons nous aussi pardonner à nos ennemis, et être ainsi conscient que par Jésus, ayant souffert jusqu'à la mort, nous pouvons obtenir la récompense promise, pour la douceur du cœur, ainsi que tous ceux qui ont souffert patiemment pour son bienfait, qui vit et règne avec lui pour les siècles des siècles. Amen.

LA PRIÈRE D'UN MARI

ô, glorieuse Sainte-Rita, par la sainteté de ta vie, tu influenças tellement ton mari qu'il vainquit la dureté de sa nature, et devint un dévoué mari et père. Prie pour que je puisse résolument suivre le chemin de la raison et de l'amour. Ne me laisse jamais m'égarer dans les chemins de l'égoïsme et du vice. Aide-moi à être toujours un exemple de vraie vie spirituelle dans ma parole et dans mes agissements. Que je puisse donc devenir toujours plus digne dans ma propre famille, puisse réfléchir l'exemple de Jésus-Christ d'amour, de compassion, de vérité, de support et d'éternel salut. Amen.

LA PRIÈRE D'UNE FEMME

ô glorieuse Sainte-Rita, tu as rempli tes devoirs de mariage avec fidélité aimante tout au long de tes 18 années de mariage. Prie pour moi pour que je ne laisse jamais entrer en moi le mal et qu'il ne tourne mon esprit et mon cœur pour des desseins mauvais. Aide-moi à être pleine de foi et dévouée avec de l'amour sincère ainsi qu'à donner de l'attention à ma famille dans la tolérance. Fais-moi suivre tes pas et fais ainsi de moi un exemple d'amour et de paix. Amen.

POUR LA PATIENCE ET LA MALADIE

ô glorieuse Sainte-Rita, modèle de tolérance, je te demande par ton amour pour la souffrance de ton sauveur, qui t'a aidé à endurer la douleur et la souffrance patiemment, d'obtenir la grâce pour moi, que je puisse accepter ma maladie, mise volontairement par les mains de Dieu, et que je sois patient jusqu'à la fin. Je désire, en pratiquant la patience parfaite, être conforme à Christ et que ma souffrance puisse devenir fructueuse pour la vie éternelle. Amen.

PRIÈRE POUR LA BÉNÉDICTION DES ENFANTS

ô glorieuse Sainte-Rita, ta venue dans ce monde apporta joie et bonheur dans le cœur de tes parents, qui avaient prié pendant si longtemps pour avoir un enfant. Je prie maintenant pour la même faveur. Obtiens pour moi la joie d'être parent. Je promets d'accepter l'enfant comme une vérité sacrée des mains de Dieu et de faire tout pour développer son salut éternel. Amen.

PRIÈRE POUR LES VOCATIONS SPIRITUELLES

ô glorieuse Sainte-Rita, tu entendis déjà très jeune l'appel de Dieu pour une vie spirituelle et religieuse et tu restas pleine de foi de longues années. Regarde les nombreuses personnes à qui Dieu a donné une vocation spirituelle. Aide-les à entendre l'appel de Dieu et à rester pleins de foi envers son objectif divin. Ne laisse aucun plaisir obscur à leur esprit assombrir leur cœur par des sentiments mauvais, mais laisse éveiller en eux l'idéal du monde de Dieu. Amen.

PRIÈRE DE DEUIL

ô glorieuse Sainte-Rita, tu as souffert des chagrins du deuil à la mort de ton mari et de tes enfants. Observe-moi dans mon chagrin présent à la perte de mon être cher et obtiens pour moi la grâce de la vraie résignation et consolation Chrétienne. Amen.

PRIÈRE POUR TOUTES LES NÉCESSITÉS

ô glorieuse Sainte-Rita, qui partagea dans le chagrin la Passion de Notre-Seigneur Jésus-Christ, obtiens pour moi la grâce de souffrir avec résignation les épreuves de cette vie et assiste moi dans toutes ces nécessités. Merci pour tout ton amour et ton intercession. Amen.

PRIÈRE POUR LES ÉTUDIANTS

ô éternel et incroyable Dieu, source de toute création et source de tout savoir, sagesse, culture et foi ; dessine en mon cœur un morceau de ta propre sagesse et de ton propre savoir, dissipe l'obscurité de mon ignorance. Les mots inspirés que tu dictas avec éloquence quand tu donnais des phrases aux enfants, s'il te plaît donne-moi ce pouvoir d'élocution, et mets tes mots dans ma bouche. Octroie-moi dans mon apprentissage une facilité vive de retenir ce que j'apprends, et le talent de la bonne interprétation.

ô mon immaculée Mère, la Vierge et Mère Marie, siège de l'amour et de la sagesse divine, et chère Sainte Rita, Sainte des impossibles, donne-nous de la sagesse, de l'amour et l'élimination de la peur, pour que je puisse obtenir l'illumination et la perfection Chrétienne. Avec Christ Notre Seigneur. Amen.

LA PRIÈRE DU CONDUCTEUR

Seigneur, donne-moi des mains fermes et des yeux vigilants, pour que ma conduite ne dérange pas la paix ou n'apporte la souffrance aux autres. Je prie, Seigneur, également pour ceux qui sont avec moi. Protège-les de la souffrance, du feu et de l'accident.

Apprends-moi à utiliser ma voiture pour le bien des autres. Apprends-moi à comprendre que je ne dois pas sacrifier la beauté de la création - la vie elle-même - pour la vitesse que je désire. Apprends-moi à voyager avec joie, en étant courtois avec mon compagnon tout au long de notre chemin, conscient que la vie est un cadeau sacré. Sainte Rita, s'il te plaît protège-nous. Amen.

PRIÈRE POUR UNE MÈRE ENCEINTE

Seigneur, Dieu, Créateur de toute chose, bon et aimant comme personne d'autre ne peut l'être, tu as préparé le corps et l'âme de la glorieuse vierge Marie par le pouvoir du Saint-Esprit pour devenir un digne et bon endroit pour ton fils ; écoute la fervente prière que je fais au travers l'intercession de Sainte Rita, notre Sainte des impossibles, que le désir grandissant de mon cœur puisse être réalisé et qu'aucune douleur ne puisse arriver à l'enfant dans mon utérus. Avec ta main pleine de compassion, aide-moi dans mon labeur et laisse mon bébé voir la lumière du jour et grandir pour être un enfant en pleine santé, nouveau-né en voyant la grâce, et un jour jouir de la vie éternelle. Je fais de cela ma prière au travers le Christ Notre-Seigneur. Amen.

PRIÈRE POUR LES FAMILLES

ô Dieu de remerciement et de paix, tu donnas à Sainte-Rita la grâce d'aimer même ceux qui vivent dans la haine et la vengeance. Alors que tu la bénissais si gracieusement, je te demande de bénir notre famille. Au travers l'intercession de Sainte Rita, modèle de patience et de courage, bénis-nous et protège-nous de tous les chemins de l'égoïsme. Fais-nous devenir fort dans l'esprit de charité et de pardon, en aimant ta servante Sainte-Rita, peut-être deviendrons-nous des faiseurs de paix pleins de foi dans notre famille, dans notre voisinage, et dans le monde. Amen.

HYMNE À SAINTE RITA

O glorieux nom, notre Sainte-Rita

O glorieux nom, doux nom d'amour

Tes enfants maintenant implorent ta grâce.

O glorieux nom, notre Sainte-Rita

O glorieux nom, doux nom d'amour

Quels cadeaux inestimables, quel trésor infini

S'écoule alors depuis le lieu divin.

Avec toutes nos joies, avec toutes nos tristesses

Aucune de nos prières, tu ne dois ignorer.

BIBLIOGRAPHIE

Butler, Alban. Lives of the Saints. TAN Books. 1995.

Cumming, Heather & Leffler, Karen. John of God: The Brazilian Healer Who's Touched the Lives of Millions. Atria Books. 2007.

Di Gregorio, Michael, OSA. The Precious Pearl: The Story of Saint Rita of Cascia. NY, New York: Alba House. 2002.

Hoever, Hugo. Lives of the Saints. Catholic Book Publishing Corp. 1988.

McAree, Francis, S.T.D. and Sheridan Patrick, D.D. Saint Rita, Saint of the Impossible. Canada: Catholic Book Publishing Corp. 1999.

Paoloni, Andrea. Saint Rita's Life and Prayers. Cascia: ST. RITA's Convent. 2000.

Paul, Tessa. The Illustrated World Encyclopedia of Saints. Lorenz Books. 2009.

Sicardo, Fr. Joseph, O.S.A., traduit en anglais par Murphy, Fr. Dan J., St. Rita of Cascia, Saint of the Impossible. North Carolina: TAN Books. 1993.

Sanderson, Ruth. Saints, Lives and Illuminations. Eerdmans Books for Young Readers. 2010.

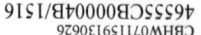